AF265663

LA
FEMME POLITIQUE

ÉTUDE CONTEMPORAINE

PAR

Jean de LA BRENNE.

PARIS

CHARLES DOUNIOL, LIBRAIRE-ÉDITEUR

29, — rue de Tournon, — 29.

—

1875.

De nos jours, on a dépensé beaucoup d'esprit,
d'encre et de papier à parler de la femme. Philosophes,
poëtes, romanciers, journalistes, ont à l'envi fait
preuve de verve et d'érudition à son sujet. Par eux, la
femme forte, la femme savante, la femme auteur, la
femme artiste, la femme à barbe, la femme-homme,
la femme tout court, ont tour-à-tour occupé le public
de leur charmante personnalité. Seule, la *femme politique* a été oubliée. Cette omission ne s'explique guère
dans un siècle où la politique est à l'ordre du jour, et
où la femme est si bien de son temps. Aussi, serait-il
regrettable de garder plus longtemps le silence autour
d'un *sujet* si nouveau, et partant si intéressant à étu-
dier. Je vais donc essayer de combler cette lacune au
risque d'encourir tous les dédains et toutes les dis-
grâces du beau sexe. Et d'abord, constatons le nombre
presque effroyable de femmes s'occupant aujourd'hui
de politique, se posant en Catherine de Médicis, ju-
geant les partis, résolvant hardiment les questions les
plus embrouillées, émettant — et souvent imposant —
leurs opinions. Les salons en regorgent, les magasins
en sont garnis, les ateliers en sont pleins, la rue et les
mauvais lieux en sont infectés. C'est dire que, dans
toutes les classes de la société, ce produit nouveau,
la femme politique, a fait son apparition. Pour procéder
avec méthode, on peut la diviser en quatre catégories:

1° La grande dame ;

2° La dame bourgeoise ou de haut commerce ;

3° La femme du peuple ;

4° La... comment l'appellerai-je ? Virago, mégère
ou pétroleuse..., au choix de mes lecteurs !

I.

La grande dame politique est, le plus souvent, la parente
ou l'amie d'un M. de *quelconque*, ancien ministre, ou am-
bassadeur actuel, ou futur préfet, dont elle adopte et exalte
aveuglément les opinions. Chez elle, comme chez toutes
les filles d'Eve, la politique est affaire de sentiment. Les
femmes, en général, jugent plutôt par le cœur que par
l'esprit, dont elles ne manquent pas cependant. De là, la
passion qu'elles mettent, pour la plupart, à faire prévaloir
leurs idées, — quand elles en ont — en matière politique.
Elles considèrent le triomphe de ces idées comme leur propre triomphe à elles-mêmes, puisque ce fut, c'est ou ce
doit être celui de ce M. de ***, à qui elles sont alliées.

Il ne faudrait donc pas trop leur savoir gré, en cette cir-
constance de leur dévouement dont le mobile, au fond, est
l'égoïsme et l'orgueil. Il ne faudrait pas trop les en blâmer
non plus, puisqu'elles servent nos intérêts sans rien exiger
que le reflet de notre gloire qui rejaillit sur elles, ou le
contre-coup de nos épreuves politiques qu'elles acceptent,
il est vrai, avec beaucoup moins de résignation. Le mieux
serait de n'avoir ni à les louer ni à les blâmer de leurs petites intrigues, mais de les engager à se tenir en dehors de
nos questions sociales, et à se contenter de faire des vœux
pour le triomphe des opinions les plus favorables au salut
du pays.

Malheureusement on perdrait son temps auprès de ces
personnes à tempérament loquace et prétentieux. Si elles
ne jetaient leurs notes aigües dans le concert assez discor-
dant déjà des discussions politiques, où serait l'harmonie ?
Si elles ne faisaient connaître leur manière de voir, où serait la lumière ? Si elles étaient exclues de la tribune des
salons, où serait la liberté ? Molière ne dédaignait pas de
consulter sa cuisinière sur la valeur de ses comédies, avant
de les livrer au public. Ne sont-elles pas mieux à même
qu'une vulgaire cuisinière de juger cette immense comédie,
si variée dans ses actes et ses décors, et qui a pour titre :

La Politique ! Ainsi pensent ces dames, oubliant que pour être bon juge, il faut avoir autour du cœur — ce qu'elles n'auront jamais en pareille matière — une triple armure de générosité, de placidité et d'impartialité.

Généralement, la femme politique du grand monde est un peu *bas-bleu*. Elle aime à parler et à être écoutée. Entre deux expressions rendant également sa pensée, elle prend toujours la plus recherchée, la plus rarement employée, celle qu'elle croit devoir faire le plus d'effet. Elle est affirmative, tranchante, incisive dans ses paroles. La contradiction l'irrite. Elle a l'élocution facile, le tour de phrase aisé, le ton légèrement déclamatoire. Aussi, prend-elle volontiers le haut du pavé de la conversation. Nourrie de la substance des journaux, elle s'identifie avec le parti pour lequel elle combat. Elle dit : *nous* votons, *nous* agissons, etc.... Comme certaine sœur de curé de ma connaissance qui répondait à une pauvresse : « *Nous* ne disons pas de messe basse le dimanche. » Elle a le cœur un peu sec, le sourire un peu moqueur, le regard un peu hautain. Elle se donne complaisamment des airs protecteurs. Elle fait la roue autour de nos illustrations à la mode. Elle s'étudie à flatter ceux qui peuvent la servir, elle ou les siens. Fière et susceptible avec ses égaux, elle est insupportable à ses inférieurs auxquels elle impose ses volontés et ses opinions. Si elle est mère, elle a une prédilection marquée pour ses fils qui seront quelque chose un jour, grâce à elle peut-être. Si pourtant elle n'a qu'une fille unique, elle en prend soin, la forme, la cultive et arrive presque toujours à en faire une *demoiselle politique*. Pauvre et timide fleur des champs, qui à force de culture et d'engrais finit par dégénérer et devenir *rose pompon* ou quelque chose d'approchant.

En ménage, la grande dame politique oublie volontiers d'être aimable.

Toujours agacée et souvent agaçante, elle rend son mari hérétique en lui faisant croire que le mariage et la pénitence ne sont qu'un seul et même sacrement. En public, elle le loue, elle vante ses qualités, son indépendance de caractère, son savoir, ses relations. Dans l'intimité elle l'obsède. Elle ne le trouve pas assez accentué dans ses idées. Il est sans énergie, sans initiative, sans habileté, sans éloquence. « Voyez un tel, lui dit-elle à tout propos, » il est toujours sur la brèche, il parle sur tout, il se fait » remarquer, les journaux s'en occupent, tout le monde » l'admire. Quoiqu'il advienne, il est sûr d'arriver. Oh ! si » j'étais à votre place ! Si j'étais homme ! » — En prononçant ces dernières paroles, son teint s'est animé, sa lèvre est plissée, son œil est en feu, elle a la tête haute, le geste énergique et abondant : on dirait la déesse de l'éloquence !

Naturellement, madame a *seule* le droit de rompre la bande des nombreux journaux que le facteur apporte chaque matin. Malheur à l'imprudent qui se permettrait de goûter les prémices de cette nourriture quotidienne ! Au déjeûner seulement, entre la poire et le fromage, elle daigne mettre monsieur au courant des nouvelles du jour. Libre à lui ensuite de parcourir *de visu* les feuilles politiques qui n'ont rien à lui apprendre si ce n'est que madame s'entend admirablement à commenter un texte.

Au dehors ses relations sont étendues et choisies. Vous ne la verrez jamais se commettre avec des gens qui ne sont pas de son bord. Elle n'a garde de manquer aux réunions officielles où elle brille surtout par le désir de briller, où sa toilette recherchée et quelque peu ébouriffante lui attire mille et mille louanges plus ou moins sincères, où ses éclats de voix lui méritent les regards et l'attention de la noble assemblée. Elle hante de préférence les personnages influents de son parti ou ceux qui ont le plus d'espoir de voir leurs petites ambitions se réaliser.

Politiquement parlant, ses vues sont étroites et toutes personnelles. Sans s'en rendre compte, elle est très-indifférente aux questions les plus graves. Peu lui importe les affaires de l'Etat, pourvu que les siennes marchent bien ! Toute sa politique est là : prôner tel prétendant, répandre telle idée, faire admettre tel principe, parce que d'eux dépend la réalisation de ses rêves, c'est-à-dire l'illustration du nom qu'elle porte, la fortune de son mari, l'élévation de ses enfants, la gloire de toute sa famille.

Si vous lui parlez de nos débats parlementaires— qui ne
le sont pas toujours — elle s'anime, s'échauffe, jette feu et
flamme; elle est superbe de dédain, d'ironie, d'admiration,
d'enthousiasme, selon que les *honorables* dont il est question sont de son bord ou du parti adverse. Elle est intaris-
sable d'éloges pour tel orateur dont les discours ne sont
qu'un long tissu de lieux communs et de paroles ronflan-
tes, parce qu'il parle dans son sens, en essayant de défen-
dre ou de faire mousser la cause qu'elle patronne. Au contraire, elle juge, avec la dernière sévérité et la plus flagrante
injustice, tel autre orateur, d'un mérite incontestable,
d'une logique irrésistible, d'une éloquence entraînante,
parce qu'il a le malheur d'appartenir à un parti qui n'a
pas toutes ses sympathies.

Somme toute, elle vit avec ses nerfs, elle pense avec son
journal, elle parle avec passion, elle aime avec mesure, et
elle est aimée de même.

II.

Ce n'est pas sans raison que j'ai placé dans le même
cadre politique, la *dame bourgeoise* et la *dame de haut commerce*. Sous plus d'un rapport, il existe entre elles une
grande analogie. Elles sortent — pour parler le langage du
jour — de la même *couche sociale*. Leur éducation, leurs
principes, leurs opinions, leur vanité sont les mêmes. Ce
sont deux fleurs — charmantes parfois — écloses d'un
même rayon de soleil. Malheureusement, ce rayon de
soleil leur a trop donné sur la tête. De là, une exaltation
qui fait craindre pour leur raison, toutes les fois que, ne
pensant pas comme elles, on veut leur servir de pilote sur
les flots agités de la politique. Il faut les voir dans la dis-
cussion, quand la grande question de royauté, d'empire ou
de république est en cause, déclamer de mémoire leur
longue tirade de raisons pour et de raisons contre, prendre
chaudement la défense du principe qui leur est cher, dé-
chaîner leur petite fureur contre ceux qui s'avisent de les

contredire. C'est un spectacle qui ne serait pas sans intérêt pour un élève avocat ou pour un photographe nouvellement établi. L'un y apprendrait à émouvoir son futur auditoire par l'usage du sentiment, du pathétique et des grands mots mis au service de petites idées. L'autre y recueillerait des poses qui, placées à sa vitrine, bien en vue des passants, lui attireraient plus d'un client.

Le plus souvent, presque toujours, surtout quand ses affaires marchent bien, la dame de haut commerce est d'une humeur agréable et enjouée, moyen comme un autre d'attirer les chalands. C'est peut-être la seule différence qui existe entre elle et la dame bourgeoise, qui est assez ordinairement morose et de caractère difficile, ce qui tient probablement à ce que cette dernière vit plus isolée, plus à l'écart du monde, et que les rares personnes admises dans l'intimité de son petit salon, déteignent défavorablement sur elle.

En politique, ces dames sont d'une humeur absolument identique, c'est-à-dire exécrables l'une et l'autre à l'égard de ceux qu'elles appellent leurs adversaires, et follement enthousiastes de ceux qui professent le culte qu'elles ont en honneur. Elles ont, du reste, cela de commun avec les *sujets* des trois autres catégories qu'elles acceptent ou rejettent avec une passion toute féminine, les opinions qui doivent satisfaire ou tromper leur orgueil, leur ambition et tous leurs mauvais instincts.

Ce qui distingue spécialement cette classe de dames politiques, c'est l'aplomb avec lequel elles posent — surtout devant les hommes — en femmes supérieures, et la petite tyrannie qu'elles exercent sur tout leur entourage. Voyez la dame bourgeoise dans son intérieur. Regardez la dame de commerce à son comptoir. Elles sont d'un absolutisme, d'une raideur, d'une exigence ; elles vous ont un ton, un air, des gestes de reine à l'apogée de sa gloire. Malheur au mari absent qui s'oublie jusqu'à retarder de quelques minutes une habitude réglée de Madame ! Malheur à l'imprudente femme de chambre qui orne sa coiffure de rubans dont la couleur n'est pas celle de Madame. Malheur au pauvre commis qui ne partage pas toutes les idées de Madame ! Ils peuvent s'attendre à une mercuriale corsée.

Les dames dont il est ici question aiment particulièrement à entretenir les hommes de leurs opinions politiques, à faire montre, à leurs yeux, de savoir et d'érudition, à citer devant eux 93, 1830, 48, 1870, à prononcer les grands noms, à juger les grands événements de ces différentes époques. Ils semblent qu'elles se croient moins femmes en politiquant ainsi avec les hommes. *Je* et *moi*, ces deux pronoms qui personnifient si bien l'orgueil humain, reviennent continuellement sur leurs lèvres. Elles ont un souverain mépris pour les autres femmes, plus sages qu'elles cependant, qui ne sortent pas du rôle qu'elles ont à remplir ici-bas, et restent simplement ce que toutes devraient être, c'est-à-dire des épouses aimables et vertueuses, et d'excellentes mères de famille.

Elles se moquent agréablement des duchesses, des marquises, des comtesses et des baronnes, et secrètement, tout bas, en elles-mêmes, elles envient leurs titres, elles singent leurs manières, elles disent comme elles, *vous* à leurs maris et à leurs enfants, et *tu* à leurs domestiques. Un spirituel écrivain de nos jours a défini la femme : Un être qui s'habille, babille et se déshabille. Cette définition qui n'est qu'une plaisanterie, et qui n'atteint sérieusement qu'un petit nombre de femmes, convient admirablement aux dames dont il est ici question. A leur mise, dont elles changent dix fois le jour, on reconnaît le parti auquel elles appartiennent. Leurs vêtements ont une couleur politique, leurs bijoux une forme politique, leur coiffure une signification politique. Voilà pour le premier et le dernier terme de la définition. Quant au second, il est d'une vérité si incontestable et si incontestée, qu'il est inutile de s'y arrêter plus longtemps. *La femme parle*, dit un proverbe arabe, *l'homme pense et agit*. Les Chinois vont encore plus loin, ils disent : *La femme parle, même quand elle devrait se taire pour apprendre à parler*. C'est vrai, surtout de la femme politique. Et en cela, elle est injuste, car elle empiète sur les droits de l'homme. La politique, en effet, est l'affaire des hommes, or, il est rare, pour ne pas dire impossible, de rencontrer un homme qui passe son temps à babiller sur ce qui a trait aux occupations dévolues par la nature à la femme.

En ménage, la dame bourgeoise et la dame de commerce sont d'assez bonne composition. Pour l'ordinaire, elles tiennent les rênes du gouvernement conjugal. Là surtout, se révèlent dans toute leur étendue leurs facultés politiques. Elles commandent en ayant l'air d'obéir. Elles se font prier pour accepter ce qu'elles désirent le plus. Elles flattent, elles caressent, elles minaudent et amènent infailliblement le mari à penser comme elles. Avec leurs enfants, elles sont plus absolues, et vont plus directement au but. Elles leur parlent *ex-professo* des questions politiques les plus ardues et les plus difficiles à résoudre, et leur inculquent, sans y penser, leurs idées les plus saugrenues.

Je sais une bonne petite dame d'une petite ville de province, excellente épouse et excellente mère qui, avec les qualités que je me plais à lui reconnaître, a le défaut d'aimer à parler politique. Elle a pour enfant unique, une charmante jeune fille de 17 ans, qu'elle a élevée avec une sollicitude toute maternelle. L'enfant a parfaitement répondu à ses soins. Elle est belle sans avoir l'air de le savoir, elle est intelligente et instruite sans pédanterie, elle joue bien du piano, elle chante agréablement, et elle.. politique ! Grande joie de la maman qui se retrouve ainsi dans son enfant. J'étais dernièrement en compagnie de la mère et de la jeune fille. Selon l'habitude, la politique était l'objet de la conversation. L'excellente dame étalait, avec une certaine éloquence, ses idées et ses opinions, lesquelles, pour le remarquer en passant, sont assez avancées. Elle me disait que la royauté avait été un abus, l'empire un crime de longue durée, et que la république, gouvernement de liberté et de progrès, pouvait, seule, nous sauver de l'abîme. Je ne disais rien ; je n'avais rien à répondre ; je sentais que la petite dame n'était pas pour le moment disposée à se laisser convaincre. Seulement, m'adressant à la jeune fille qui travaillait à une tapisserie destinée à l'église de sa paroisse, je lui dis : Et vous, Mademoiselle, qu'en pensez-vous ? Moi, Monsieur, me répondit-elle, avec une assurance superbe, je pense comme maman, et papa pense comme nous ! — Cette réponse, dans la bouche d'une jeune fille de 17 ans, produisit en moi un effet que je ne saurais dire. Tout ce qu'il y avait en elle de candide, de gracieux, de poëtique, d'idéale beauté, disparut à l'instant. Et cette charmante créature qui me semblait si bien faite pour le bonheur, c'est-à-dire pour aimer et être aimée, me fit l'effet de ces statues antiques dont le cœur n'a jamais battu, et dont toute la valeur est dans les formes extérieures. Tant il est vrai que toutes les fois que la femme sort de son rôle, elle perd ou abdique son titre de reine, et renonce volontairement à notre sympathique et respectueuse admiration.

III.

La femme du peuple — j'entends toujours celle qui s'occupe de politique — n'est généralement pas un modèle d'épouse ni de mère de famille. Les devoirs de sa condition ne se concilient guère avec le temps qu'elle perd chaque jour en discussions pour le moins inutiles. Sa vie entière n'est qu'une longue oisiveté. Dès le matin, on peut la voir, debout sur le seuil de sa demeure, en toilette plus que négligée, la main gauche virilement posée sur la hanche et la droite gesticulant avec force, aux prises avec ses voisines dont les idées ne cadrent pas avec les siennes. Si vous avez la patience et la curiosité de connaître sa manière d'argumenter, vous ne perdrez pas votre temps, car vous apprendrez des expressions qui vous étaient jusqu'alors inconnues. Il y a pour ces sortes de personnes un vocabulaire à part dont elles possèdent à merveille les locutions les plus pittoresques et les plus énergiques. L'Académie y trouverait sans doute quelque chose à redire, mais ces dames, sans ambition littéraire, se soucient fort peu des fauteuils vacants de la docte assemblée. Aussi, s'en donnent-elles à cœur joie, à la grande satisfaction du quartier qui aura pour la journée entière un thème de conversation, et qui trouve intéressant d'assister *gratis* à ce spectacle en plein vent.

Pendant ce temps, le mari — car ces dames ont ordinairement des époux qui leur ressemblent — s'escrime de son mieux, et pour le même sujet, au cabaret voisin, et les enfants crient, geignent et *se tombent* avec un entrain digne d'une plus noble occupation.

J'ai souvent fait la remarque que les hommes tels que les barbiers, les cordonniers, les tailleurs, et autres dont la profession n'exige pas une grande application et leur permet de converser à volonté, sont généralement paresseux et partant d'opinions avancées. Il en est de même des femmes. La maison, le mari, les enfants sont d'autant plus négligés qu'elles pérorent davantage, or Dieu sait si la politique se prête à faire marcher leurs langues toujours disposées à se mettre en mouvement. Aussi, je n'hésite pas à dire que la misère et après elle le crime, sont plus d'une fois entrés dans les familles par cette porte fatale : *La Politique !* La statistique des tribunaux est là, à l'appui de ce que j'avance. Les mauvaises lectures ont conduit plus d'une victime dans le chemin du déshonneur. La femme du peuple, une fois lancée dans la politique, ne voit et ne pense que par les journaux de toutes sortes qui lui tombent sous la main, source empoisonnée où elle puise à longs traits l'infamie et la honte.

Qu'on le veuille ou qu'on ne le veuille pas, la liberté de la presse a fait, depuis quelques années, un mal immense dans notre France. Elle a semé dans le sein des masses un froment délétère que rien ne peut empêcher de germer, qui a déjà porté ses fruits aux jours néfastes de la Commune, et qu'un avenir prochain peut-être nous apprendra trop tard à maudire.

L'*éducation* des filles est venue en son temps. Secondée par les orateurs des clubs de Belleville, de Montmartre et d'ailleurs, elle a créé une femme nouvelle dont Mme Désirée Minck fut le prototype. Pour ces doctes personnes qui ne s'appuient que sur la science et la raison, Dieu n'est qu'un mythe, l'âme un mot, le ciel un leurre, l'homme un singe perfectionné, d'où, mesdames, j'ai le regret de conclure que vous êtes de parfaites guenons.

Jadis, il y avait en France un gros bon sens populaire qui faisait que l'homme rejetait avec dédain, et la femme avec indignation, les doctrines subversives des ambitieux et des traîtres assez osés pour les mettre au jour. Mais depuis que notre malheureux pays a été submergé par le flot révolutionnaire, il semble que les facultés de l'homme ont baissé, que son jugement s'est atrophié, et que la femme n'a plus cette mâle vertu des anciens jours, cette courageuse énergie avec lesquelles se posant fièrement sur le seuil de la demeure qui abritait sa famille, elle disait au mal : « Tu n'iras pas plus loin ! » Ah ! c'est qu'alors la foi vivait au sein des peuples, le patriotisme avait ses héros et ses martyrs, le dévouement, l'abnégation, le sacrifice étaient à l'ordre du jour ! Aujourd'hui, l'égoïsme, comme un chancre hideux, s'étend sur la société tout entière. La femme même est égoïste. Elle se laisse aller au courant de sa nature curieuse et inconstante. Son imagination, si mobile déjà, s'est exaltée aux dépens de sa raison. Son cœur s'est, pour ainsi dire, insensibilisé. Elle a mis de côté ses devoirs les plus sacrés, ses croyances les plus consolantes, ses affections les plus saintes, et s'est jetée, corps perdu, dans ce dédale d'utopies ridicules, d'idées malsaines, d'opinions insensées où elle s'enfonce et s'égare de plus en plus à la recherche d'un bonheur chimérique, d'une égalité et d'une liberté impossibles. Pour elle, plus de joie, plus de calme, plus de félicité au foyer domestique ! Ses enfants vivent à l'abandon et s'élèvent eux-mêmes. Il lui faut à elle des occupations et des émotions d'un autre genre. La vie lui paraîtrait d'une monotonie insupportable, si les peuples de la terre étaient toujours en paix. Au contraire, elle jouit et se sent vivre à la nouvelle d'un combat acharné, d'une émeute sanglante, d'un trône renversé, d'une révolution qui s'apprête. Que lui importe, en réalité, le triomphe de tel ou tel parti ! Ce qu'elle veut, ce qu'elle désire avant tout, c'est une distraction qui l'occupe au point de lui faire oublier les misères et les ennuis de sa condition ; c'est sa propre satisfaction à elle-même ; c'est l'espérance de monter d'un degré, grâce à la perturbation publique, l'échelle sociale ; c'est assister à l'abaissement des grands ; c'est entendre le fracas des empires qui se heurtent et se brisent ; c'est hâter, haletante, le dénouement du drame terrible qui se joue sur la scène du monde, entre le bien et le mal, l'erreur et la vérité, le ciel et l'enfer, depuis le commencement du siècle !

La femme du peuple est naturellement honnête et courageuse. Son âme est simple et naïve. Elle croit, elle aime, elle prie. Son cœur est grand et généreux. Elle comprend le dévouement et le met en pratique. Elle se passionne facilement pour les grandes causes. Elle a le culte du malheur. Elle est soumise à l'autorité, respectueuse à la vieillesse, tendre à l'enfance : c'est la femme par excellence ! Mais quand une fois elle s'est jetée dans la mêlée politique, elle devient violente, oisive, envieuse ; or, l'oisiveté et l'envie conduisent infailliblement aux abîmes. Trop ignorante pour discerner les véritables raisons qui font agir les partis, elle embrasse d'instinct celui qui flatte le plus les passions populaires, c'est-à-dire presque toujours le plus mauvais. Pour elle alors, les rois deviennent des tyrans, les nobles des ennemis, les prêtres des malfaiteurs. Aussi, leur voue-t-elle à tous une haine d'autant plus implacable qu'elle ajoute une foi plus grande aux prétendus crimes dont on les accuse. Et quand cette haine est une fois entrée dans le cœur de la femme du peuple, et avec la haine l'incrédulité, et avec l'incrédulité la révolte, alors le vertige la prend, elle oublie sa dignité, et elle est perdue pour la vertu, perdue pour la famille, perdue pour l'honneur. Ce n'est plus qu'une ruine de triste augure pour la société elle-même dont elle annonce la décomposition. C'est un des principaux rouages de la machine humaine qui craque de tous côtés, et va bientôt voler en éclats.

Heureux les peuples chez lesquels la femme est restée

ce que Dieu l'a faite, c'est-à-dire une créature douce et aimante, faible et timide, active et laborieuse, le cœur ouvert à toutes les saintes affections de la famille, l'âme fermée à tous les vains bruits du monde, l'esprit toujours occupé de l'accomplissement de ses devoirs d'épouse et de mère ! Ces peuples sont grands et forts et ils vivront, parce qu'ils ont des enfants élevés dans le respect des lois, dans la crainte de Dieu, dans l'amour de la Patrie !

IV.

Enfin, il y a une quatrième catégorie de *femmes politiques* que j'appellerai du nom sinistrement célèbre de *pétroleuses*. Cette race de monstres à face humaine a, de tout temps, existé dans les bas-fonds de la société.

Comme ces reptiles immondes qu'on ne voit monter à la surface des eaux stagnantes que lorsqu'on en agite violemment le limon impur, elles n'apparaissent que dans les moments de crise sociale, quand une nation se débat dans les convulsions de l'agonie, et que les passions populaires, comme une mer en furie, grondent et menacent de tout anéantir. Cette créature n'a, à la vérité, ni parti, ni principe, ni opinion, elle n'a que des instincts, et n'agit que pour son propre compte. Les facultés de la femme sont remplacées chez elle par les appétits et les soifs inextinguibles de la bête féroce. Comme elle, elle aime les antres ténébreux, flaire avec délices le meurtre et le carnage, pille, vole, tue, et n'est jamais rassasiée. La vue d'une ville embrasée qui disparaît sous un monceau de cendres, les cris déchirants d'un malheureux qui s'agite convulsivement sous les étreintes indicibles d'une flamme dévorante, le sang qui coule à flots d'une poitrine humaine, la mort qui fauche par milliers d'innocentes victimes, sont pour elle un spectacle enivrant dont elle se repaît avec une joie qui tient du délire. Elle boirait le sang de sa propre mère dans le crâne du dernier de ses enfants. Depuis longtemps son cœur est mort à tout sentiment humain. Elle se nourrit de haine et de désir de vengeance. Sombre comme le crime, elle ne songe qu'au mal et aux moyens de le faire le plus cruellement possible. Le plus souvent elle vit seule dans son repaire, comme la louve. *Femelle* abandonnée, si elle est mère, elle a vite oublié ses petits qui deviendront peut-être sa proie un jour. Ou bien elle est encore entourée des êtres qui sont nés d'elle, et qui lui ressemblent, alors elle les dresse au larcin, au crime, à la débauche, à tout ce qui dégrade et avilit.

Comment cette créature humaine dont l'âme a été faite à l'image de Dieu, qui a connu l'innocence, qui a senti l'aiguillon du remords, dont le passé peut-être est un passé de dévouement et d'amour, est-elle descendue plus bas encore que le plus bas degré de l'échelle sociale ?

Demandez-le aux révolutions sans cesse renaissantes dont elle est une des innombrables victimes, aux clubs secrets, aux assemblées clandestines dont elle a embrassé les doctrines perverses, aux hommes ambitieux et corrompus qui se disent les amis du peuple, les défenseurs de la liberté, dont elle a écouté les fallacieuses promesses.

Elle s'est précipitée tête baissée à la suite de leur char de triomphe croyant emporter, elle aussi, sa part de butin. Mais la malheureuse n'a eu en partage que la honte,.... et les pontons !

Elle est coupable, elle est infâme, elle est abjecte dans sa misère. Mais ces hommes qui l'ont précipitée dans l'abîme, traînée dans la fange, rendue plus vile encore qu'un animal immonde, et qui, élevés eux-mêmes au faîte de la fortune et des honneurs, la regardent aujourd'hui avec indifférence et mépris, ces hommes si fiers de leur popularité, qu'ils tiennent d'elle et des siens, sont coupables, infâmes et abjectes mille fois plus qu'elle ! Oui, au-dessus du peuple ignorant et crédule, nourri de mensonges et d'erreurs, imbu de préventions et de préjugés contre tout ce qui est juste, respectable et sacré, il y a les docteurs du mal, les professeurs du matérialisme, les négateurs de la divinité, les propagateurs de toutes les doctrines funestes à l'esprit et au cœur, qui sont les grands coupables, les premiers fauteurs des émeutes et des révolutions, les véritables bourreaux de la société, dignes de tous les outrages et de tous les mépris et voués désormais à l'exécration des siècles !

C'est un fait depuis longtemps établi que la femme, une fois livrée à ses passions, s'enfonce, plus avant que l'homme, dans la voie du crime. L'homme le plus mauvais hésite toujours avant de commettre une action criminelle, la femme perdue, jamais ! Mlle de Sombreuil trouva grâce, au prix d'une action héroïque, devant les bourreaux de son père. Devant les *pétroleuses* son héroïsme eut été inutile. Louis XI, le plus cruel de nos rois, se cachait pour accomplir ses forfaits, et il en témoigna plus tard un vrai repentir. Elisabeth d'Angleterre se glorifiait de ses crimes, et n'en eut jamais de remords. La femme est un être extrême qui croit ou qui nie, qui aime ou qui hait, qui donne sa vie ou qui tue. La *pétroleuse* est l'extrême dans le mal. De là, le rafinement de cruauté avec lequel certaines d'entre elles ont torturé leurs victimes; de là la haine implacable qu'elles ont vouée à ceux qui commandent, à ceux qui possèdent, à ceux dont la conduite est la condamnation de la leur; de là enfin l'impatience fébrile avec laquelle elles attendent l'heure de reprendre et de continuer leur œuvre de destruction et de mort. Je ne sais rien de plus hideux qu'une telle créature. Sa vue fait mal, son regard glace et épouvante, sa face a quelque chose de sinistre et de fatal, tout son être est ignoble et écœurant.

Que ceux qui peut-être trouvent ce portrait exagéré se reportent aux jours sanglants de la Commune. Que s'est-il passé alors à Paris ? Qu'avons-nous vu dans cette splendide capitale du monde civilisé ? On a vu des palais, des monuments publics, des quartiers entiers de la superbe cité livrés aux flammes allumées et entretenues par ces infernales créatures. On a vu une jeune fille de 18 ans étendre, d'un coup de pistolet, à ses pieds, un prêtre vénérable, après l'avoir insulté d'un mot que la plume se refuse à transcrire.

On a vu un ramas de ces mégères échevelées, ivres de

vin, de fureur et de sang, se ruer, avec une joie frénétique, sur un des plus braves officiers de l'armée, l'enduire de pétrole, y mettre le feu, le voir expirer dans les transports des plus atroces souffrances, et se donner ainsi le spectacle que Néron aimait. Or, qu'on le sache bien, les *pétroleuses* ne sont pas toutes sur les pontons ; il en est encore qui non-seulement à Paris, mais dans toutes les villes de province, attendent impatiemment le jour où elles pourront de nouveau reparaître sur la scène.

Quel sera le dompteur de ces bêtes féroces ? Quel homme, suscité de Dieu, prendra en main la verge qui châtie, et rendra à notre malheureuse patrie troublée et humiliée la paix et la prospérité en la délivrant de cette race de vipères rouges ? Mystère insondable qui ne nous sera révélé que lorsque la nation ne formera plus qu'un seul et même parti, n'ayant qu'un seul et même cœur, une seule et même ambition : Le salut de la France !

Je me demande, en terminant cette étude, si on ne la prendra pas pour une satire dirigée contre toutes les femmes en général. Ce serait me prêter des sentiments que je n'ai jamais eus, et donner à mes paroles un sens entièrement opposé à ma pensée. Je professe au contraire le plus profond respect pour la femme, quelle que soit sa position dans le monde, à quelque rang de la société qu'elle appartienne, quand elle ne cherche pas à fausser sa nature et reste ce qu'elle doit être, c'est-à-dire un être faible et sans défense, d'une délicatesse exquise, d'un dévouement sans borne et dont la plus douce occupation est de prier, d'aimer et de s'oublier.

Grâce à Dieu, dans ce siècle de vertige, d'égoïsme et d'orgueil que nous traversons, il est encore des femmes — et c'est le plus grand nombre — qui ont conservé intact le précieux trésor de leur touchante simplicité de caractère, de leur sainte ignorance du mal, de leur suave bonté de cœur. A elles donc tous nos hommages et toutes nos admirations ! Elles sont l'ornement et la gloire du pays qui les a vu naître ; elles sont la consolation de la Patrie qui pleure ses enfants morts ; elles sont l'espoir d'une nation qui fut grande et qui veut le devenir encore ; elles furent la vie, elles seront la résurrection de la France !

A. JOLLET — IMP. BOURGES.